善書坊

杨争光诗歌精选

屋檐水

杨争光 著

陕西师范大学出版总社

图书代号：WX17N1102

图书在版编目（CIP）数据

屋檐水：杨争光诗歌精选/杨争光著.—西安：陕西师范大学出版总社有限公司，2017.11
ISBN 978-7-5613-9577-6

Ⅰ.①屋… Ⅱ.①杨… Ⅲ.①诗集—中国—当代 Ⅳ.①I227

中国版本图书馆CIP数据核字（2017）第247765号

屋檐水——杨争光诗歌精选
WUYAN SHUI　YANGZHENGGUANG SHIGE JINGXUAN

杨争光　著

选题策划	刘东风　郭永新
责任编辑	张　佩
特邀编辑	王奉文
装帧设计	龚心宇
出版发行	陕西师范大学出版总社
	（西安市长安南路199号　邮编：710062）
网　　址	http://www.snupg.com
印　　刷	重庆新金雅迪艺术印刷有限公司
开　　本	787mm×1092mm　1/16
印　　张	12.75
插　　页	4
字　　数	80千
版　　次	2017年11月第1版
印　　次	2017年11月第1次印刷
书　　号	ISBN 978-7-5613-9576-9
定　　价	48.00元

读者购书、书店添货或发现印装质量问题，请与本公司营销部联系、调换。
电话：(029) 85307864　85303629　传真：(029) 85303879

目 录 MULU

001	余悸
002	小马
003	拉磨的驴
004	黎明
006	夜
008	礁石
009	不是风景
010	小镇集市一瞥
011	沙漠落日
012	一瞥
013	花儿开了
014	无题
015	在海边
018	阳光
021	老树
022	我相信——
023	嬉戏
024	无题

025	站在遥远的地平线上
028	眼睛
029	你许给我一片黎明
031	螺丝钉
032	暗夜的笛声
035	自由
036	等待
037	给一位未曾见面的朋友S——
039	给S
040	爱不是倾诉
041	冰凌
043	土地（四首）
048	冬天，一个农民的孩子死了
051	给——
053	窗外是充实的寒冷
055	背书包的孩子
057	给吴滨
060	野鸽子
062	月亮圆的时候
063	瞎眼老人被一块石头绊倒了
064	姑娘，不要靠着那棵孤独的钻天杨了
065	外祖父

072	三棵树
073	妈妈
082	给L姊
085	关于一座大山的诗
092	原野
093	我站在北京的街道上了
099	长城
102	一位老人和一个孩子
103	洗衣服的女人
105	雨景
106	平原
109	儿子
113	思念
115	岛
116	热爱夏天
118	是秋天了
120	歌手
121	石榴花
122	梅香
123	河
126	全世界只有一枚月亮
129	朋友

131	儿子结婚的那天晚上
132	黄河
138	大青马
140	这些山
142	石板房
144	那个汉子……
145	老家
151	大西北
155	黄土高原(六首)
163	牡丹台
169	鼓阵
172	窗花
174	那个人
175	雪花的孩子
176	憩息
178	诗人
180	屋檐水
185	交谈:自言自语
196	落叶

余悸

他在呼吸,他在看着
看着这自由的一切
风,摇着花朵
草,泛着绿波

忽然看见崖畔的长藤
心,猛地一缩
眼前掠过一道阴影
他本能地摸摸胳膊

1979年3月30日晚

小马

它睡着了
在安详的梦里
捕捉着幻想——

绿色的波浪
绿色的风
绿色的阳光……

如果它知道
有人正挽制笼头
它该有多么悲伤!

拉磨的驴

它知道该怎么走路
所以它从不发愁

黎明

一

远远的一声，汽笛
犁破了乳白的晨曦
夜呢？

路灯说
我睡觉的时候
就把它藏进我的眼睛

二

夜叮咛着晨星
你是我留下的眼睛

小草跳了起来
不，是光明的尖兵

三

雾，徐徐地
拉开浓重的帐幕——

绿色的海
一瓣红橘

四
黎明抱起城市

烟囱醒了
做着深呼吸

1980年5月11日

夜

一

夜是善良的
它孕育了花朵
也容忍了丑恶

二

难道这也是错觉
当那颗流星滑落
我总以为它是
从夜的脊背上
倏然爬过的长蛇

三

夜来时
人们就点起灯火
多么平凡的景象
可是，也深刻……

四

飘下来了
又一张日历
从墙壁
落在我的脚底

我轻轻地将它拾起
蘸着窗口的晨光
在它的背面
写了一首诗

礁石

一

总逃不脱
扑来的波涛
不肯随波逐流
心上有浪的鳞爪

睁着迷茫的眼睛
听大海的歌谣

二

迎击风暴
不用空泛的喧嚣

沉默中蕴藏着新的力量
请问那喘息着败退的海潮

把生命的磨难
铸成雕塑
最能懂得它的
是海上斩浪的船夫

1980年6月20日

不是风景

太阳的血
从乌云的脊背上渗出来了
从乌鸦的翅膀上滴下来了

滴红了河湾
湿透了地面

不缺少盐
只要伸出舌头舔舔
我想……一定很咸

小镇集市一瞥

脸,脸,脸
喧闹的冰山

眼,眼,眼
饥渴的枯泉

星星一样拥挤
星星一样疏远

沙漠落日

驼铃远去了
像庙堂寂寞的钟声

风舔着沙
在孤独地旅行

黄昏的尽头，太阳
像一只红肿的眼睛

一瞥

夜有多黑呵，黑似漆
像死神倒垂的黑翼
怯懦的太阳早已悄然远去
怕在这魔鬼的炼狱中窒息

猫头鹰却以翅膀为笔
从夜的前额上呼啸着扇起
挟带着生命愤怒的喧嚣
刷出一行梦一样优美的大字……

花儿开了

你来信说
古原上的花儿开了
信封里装着花儿的芬芳

这里的花儿也开了
我就坐在花儿的身旁……

无题

听不见蝉声
也没有了风

记忆和灯光一起
发酵着血腥

蜘蛛把生活的故事
从墙角织进怅惘的眼睛

钟摆，像槌
枯瘦的心被又一次敲肿

静静的夜
淡淡的星

在海边

一

孩子般扑入你的怀抱
想掬一捧碧波
润润我的心窝……
你捉弄了我——

天真固然是一种美德
可有时会给你一枚苦果
就像这碧蓝碧蓝的海水
它苦，苦得发涩！

二

我的幻想是你的颜色
像太阳烧红的天空
又像一片巨大的绿叶……
你教训了我——

缥缈的幻想会使人陶醉
可只配给你梦中的欢乐
就像这海面上华丽的泡沫
可爱，却不能采上一朵

三

我爱你每一朵浪花
像珍珠从盘上滚过
也像少女的心一样纯洁……
你挖苦了我——

现象总显出五光十色
可说不定就掩藏着丑恶
美丽的浪花是给人看的
海底,也有死人的骨骼!

四

因为你在不息地运动
才吸引了千万条奔腾的江河
你富有,包容一切……
你提醒了我——

运动也是一种淘汰
永远进行着严密的选择
海从不轻易丢失一颗珍珠
滩头,撒满干瘪的贝壳

五

我羡慕驾舢板的小伙
像一位勇猛的骑士
在宽阔的草原上翻飞起落……
你讽刺了我——

羡慕也许是一种变相的怯懦
让你在感叹中把时光消磨
旁观者的生活是轻松的
斩浪,却需要一种胆魄!

1980年9月21—22日

阳光

——感觉与印象

一

太阳的帐篷下
有多少潮湿的黑洞
一只只阴郁的眼睛
在估摸阳光的比重

二

多少年没有阳光
地球的激情被压弯了
空气一脸霉相

幸亏没有死亡
在一个绿色的早晨
一齐挤上了晒场——

风,搓着僵硬的手指
草,舒开虚弱的翅膀

一个蜷曲的灵魂
正在剥那一层薄霜

三

不能平复的冲动
难以抑制的渴望
阳光
撕裂了乌云的胸膛

在
一个孩子的笑窝上
表现了自己

四

什么都可以买
权力、女人、新盖的楼房
什么都可以卖
谎言、良心、血红的印章……

有一句发霉的话
撞我心灵的门窗：
问问吧，能不能
请卖给我一缕阳光

五

为了一个难忘的时刻
我冲进早晨
背靠着阳光
让诗打开快门
拍了一张逆光像

1980年10月24日

老树

乌鸦飞走了
像一颗黑色的流星

失落了梦的灵魂
显得虚空

你把冰冷的手
伸向星星……

1980年10月25日

我相信——

我相信——
乌云散了还会合拢
也许,暴风雪又在山后聚集

我相信——
星光会解开暗夜的纽扣
给瑟缩的梦透露黎明的消息

于是,在梦里
我和一群乌黑的孩子
把一张水彩画贴上流水的肚皮

我相信——
一切新生的都将腐朽
一切腐朽的也会死去

我相信——
人生中有那么短暂的一秒
也许,会等于漫长的几个世纪

于是,我加入了
一长队方块形的日子
踏向一丛丛通向终点的荆棘

嬉戏

一朵朵浪花飞来
她跳着,追逐着
在采摘。像白蝴蝶
裙子在飘,帆儿
在波浪上轻轻地摇摆

她把一串串洁白的笑
和浪珠兜了一怀

海去了
笑声碎了,像一瓣瓣
粉红色的桃花
不再回来。她
和沙滩一起站着
眼睛里噙满悲哀

海在响,在远处
在她蓝色的眼睛里澎湃

1981年3月

无题

我害怕白昼,害怕声音
只对遥远的星
泄一道窗缝
常常,一声奔跑的脚步
把我从梦中踏醒
大颗的汗珠湿透了脊背
被踩碎的梦
飘落在颤抖的心灵

我等待遥远的钟声
像手臂一样多情
像风,把惊恐的心
轻轻地慰平

我睡了
在摇晃的梦中
寻找安全
像鸽子寻找天空……

1981年3月

站在遥远的地平线上

站在遥远的地平线上
太阳,请给我塑像

我来自漫长的黑夜
我是痛苦,我是噩梦
我是醒后的迷茫
我是眼泪,我是愤怒
裸露着一身擦伤
黑夜推出我模糊的躯体
让陌生的风咬噬肩膀
太阳,请给我塑像

我来自阴湿的小路
我是追求,我是流萤
颤动着淡蓝的翅膀
我来自远古的森林
被压抑了千年的激情
带着一声声绿色的爆响
在延伸,在曲折地生长
太阳,请给我塑像

我来自童年的课本
我是幻想,我是色彩

我的思索奔跑在书页上
我来自记忆，我是见证
在剥落着碎片的墙壁上
我书写历史，不能发表的诗
载着方框在稿纸上流浪
太阳，请给我塑像

我来自茫茫的土地
我是禾苗，是苹果树
对秋天的等待和向往
我来自拥挤的城市
我是钢铁，是生命
血一般的火流在阵痛中
向死亡发起最后一次冲撞
太阳，请给我塑像

我来自没有滋味的昨天
我知道哪里需要芬芳和阳光
我来自锁链和镣铐
我知道哪里有囚禁自由的铁窗
我大步地奔向黎明
紧攥住第一缕金色的微笑
把滚烫的白昼拉进胸膛

我是责任，是民族挺直的脊梁

站在遥远的地平线上
太阳，请给我塑像

1981年3月

眼睛

　　给——

炎热里
你是一块薄冰
黑夜里
你是一片晴空

你是荒漠里
一畦湿润的泥土
你是玫瑰花上
一颗微笑的星星

你向我走来
摇碎了虹一样的梦
你离我而去
破碎的梦又重新合拢

你许给我一片黎明

你许给我一片黎明
和玻璃一起镶上窗扇——
它滑走了,像风
像黑暗中的一闪

你许给我自由的帆
我孩子般地扑向海岸——
帆呢?时间的眼泪
敲打着荒凉的沙滩

你许给我羽毛笔管
让我画风,画云
把黑夜画成白天——
我又一次错了,像种子
把爱嫁给了冰川

也许你收回了
当初的诺言
也许这一切
本来就是欺骗

我恨

我不能说
只在沉默中划亮火柴
烧红一根廉价的烟卷

1981年3月底

螺丝钉

一滴干枯的眼泪
一块冻结的热情
我被黑夜利用
不,我不是英雄——

为了狼眼睛似的天空
真正的英雄刚刚死去
黎明的海上
漂着他带血的头颅……

暗夜的笛声

一

又一个阴谋得逞了

死海上
漂出月亮的尸体

二

贴着夜的胸脯
风在走动
星星的奏鸣
给孤独者弹拨着慰安

三

笛声隐约
幽深的地方
颤动着一条小河

大地不再呼吸
宁静的合欢树
伸出绿色的耳朵

四

隔着檐雨

我寻找山峦
起伏的旋律

山是古老的
而花儿年轻

五
琴声沉下去了

湖里的夜
夜里的湖
盛满痛苦的星星

六
树林滑动

这桅杆的队伍
误入了
没有鱼汛的季节

七
土地的负担太重了

汗水飞溅，夜
黑色的圣诞树
结满闪光的朱砂

八

绿树挂起一片片叶子
在等待风

九

黑暗的队伍
向大地蜂拥
河流在阵痛中弯曲

土地激动了
山脉耸起
粗野的脊背

1981年4月4日

自由

农夫冰冷的铁犁
插进温热的泥土
鸟儿用颤动的翅膀
写在遥远的天际

睡莲把浓重的色彩
涂进月光的梦里
战士把殷红的血液
滴在闪光的枪刺

是摆向黄昏的花圈
是响在黎明的婴啼
是生命绷紧的缆绳
是射满弹洞的旗帜

一个古老的童话
一个常新的命题

等待

流金泛彩的夕阳,把波浪
碾成一个广阔的平面
潮水波动,像蜿蜒的旋律
像少女蓬勃的曲线

你站立着,和走路的风一起
站在空旷的沙滩
孤寂的海鸥平伸着翅膀
播种着星一样的光点

眼睛是一滴不动的海水
和大海一样蔚蓝
海岸在胸膛里延伸,额头
和身后的土地一样庄严

暗流向最深处撞击
声音在波涛上呼唤
颤抖的螺号响了
暮色里,滑出橘红的灯盏

1981年4月21日

给一位未曾见面的朋友S——

多么想撕碎黄昏
奔向你居住的小屋
让你的眼睛不再是朦胧的湖
让你的头发不再是飘浮的雾
窗口的灯光像星星，也像心
给四方洞开着门户
背负着同一个苦难同一片天空
都有着一样的血脉一样的皮肤
相识，何必相逢
没有过语言的瀑布
只在灰暗的层云下，时时
给你一个深深的注目

有星
就有露珠
让眼睛在清晨和午夜相遇
有风
就有小树
弹拨心曲也需要挽扶

在这空旷的世界上流浪
理解人也渴求人的理解
因为都害怕孤独

我是一只无篷的小舟
愿你是河流
像深情而有力的手臂
托着我把沉重的心向天涯摆渡

爱你,是我的姊妹
敬你,似我的长兄

1981年4月27日

给S

我画了一只受了伤的小鹿
悲哀地望着林中的小路
你说它一定想妈妈了
很远的地方,有一间青藤小屋

你默默地把画儿移上窗台
让阳光在小路上慢慢地流
望着你噙满泪水的眼睛
我想说很多话,一句也没有说出

爱不是倾诉

想让你的眼睛不再是朦胧的湖
想让你的头发不再是飘浮的雾
想把你窗口的灯光挂上小船
我就是河流
用我的手臂托着你向天涯摆渡

有星星就有露珠
在清晨和午夜相遇
爱不是倾诉
是没有索取的给予
爱不是倾诉
是一颗心在另一颗心里
平安地居住

冰凌

一

既然命运已经注定
它没有怨恨冬天

在星星睡去的时候
一队赤条条的孩子
把洁白的幻想
挨个儿挂满屋檐

二

仿佛来自遥远的世纪
珍珠的声音
敲打死去的记忆,敲打着
最后一个寒冷的日子
就这样,它哭了
一滴一滴
暖热了土地
呼唤起紫云英、星星草
甚至蒺藜

一个绿色的家族
从地平线上云一样涌起
一片片手掌上

跳跃着一万个太阳

于是,这苦难的队伍
向无云的天空
开始远征

三
在它死去的那刻
遥远的天边——
海在响

1981年5月

土地（四首）

父 亲

他睡了，在凸凹不平的田埂上睡了
野风掀开他被汗水泡硬的布衫
向太阳袒露着结实的胸肌
拥挤的肋骨整齐地排列成岩石的队伍
他睡了，锄头弯曲在禾苗的背后
他睡了，牛一样地喘着粗气
起伏的胸膛缩小和放大着天空
手臂在延伸，脚趾在无拘无束地生长

他睡了，脊背压平了石头和土块
压平了野草和蝈蝈的叫声
一切都已消失，一切都已忘记
没有过黄昏，没有过早晨
没有过祖先被风雨泡涨的故事
树一样，又移植在他的梦里
无数条河流曾漫过他宽阔的额头
留下曲线，留下道路，留下生命的象形文字
没有过冬天，没有过炎热
没有过孩子饥饿时的眼睛和妻子无力的啜泣
大片的庄稼曾在他粗糙的手掌上一次次成熟
收割，又一次次潮水般涌起
留下坚硬的老茧，留下层层叠叠的山脉

长满不能收获、不会倒伏的荆棘

他睡了，狗一样地睡了
一切都已消失，一切都已忘记
只有笨重的呼吸和脊背一同起伏
把土地给他的疲劳又交还给土地
头顶的太阳集合起一万道强光
把慈祥和幸福赠给他熟睡的躯体
赠给永恒，赠给一个雕满苦难的纪念碑

戴草帽的姑娘

她沿着长长的田埂走过来了
戴着一顶草帽走过来了
脸上扑满太阳的颜色
像田野上霞光一样张开的小路
像夏天的庄稼一样摇动的波浪
粗糙的布衫上
流动着风的线条
卷起的裤腿沾满金色的泥巴
好看的脚丫踏醒青草的芬芳

少女的梦从这里开始动荡了
少女的胸脯从这里开始起伏了

像微黄的苹果树一样不安而优美
像五月的天空一样健康而开朗
她走过来了，走过来了
带着大平原粗犷的气息
带着头发一样潮湿的早晨
走向庄稼，走向汗水和疲倦
走向秋天，走向快乐和成熟

割麦子的母亲和捡麦穗的小女孩

她笑了，摇着乱蓬蓬的小脑袋
对着正在收割的母亲笑了
黑色的眼睛葡萄一样清甜
小篮儿在飘，小辫儿在飘
像一株未成熟的麦穗摇向天边

忧伤的目光在田野上滑落了
忧伤的目光从田野里长出来了——
小篮儿在飘，小辫儿在飘
正在衰老的母亲想起她
一幅丢失了年代的画……

哺乳的母亲

土坎上，一位少妇

正在给孩子哺乳
她是从庄稼地里走来的
她是从绿色的波涛中走来的
头发上的玉米叶
像一缕飘动的风
她是母亲，她不会羞涩
像秋天抱起一个鲜艳的苹果
捧给早晨的太阳
她半袒着美丽的胸膛
把鼓胀的乳房
捧给孩子
眼睛里布满慈祥

母亲衰老了，她没有衰老
在同一个土坎上
母亲曾哺乳过她
用乳汁延长了自己

她也会衰老
她给她的孩子哺乳了
把自己延长给又一个崭新的躯体
延长着劳动，延长着精力
延长着庄稼，一次又一次收割

土地永远年轻的秘密

现在,怀中的孩子满足地笑了
她扣好纽扣
她拉住衣襟
理一理蓬乱的头发
又走进田野
用汗水去喂养土地

冬天，一个农民的孩子死了

蓝眼睛的小花猫听不见她低低的歌声了
田野里的风不能抚摸她乱蓬蓬的黑头发了
路边的青草不能用露水打湿她穿着布鞋的脚了
弯弯的小溪流不能照着她背着书包走过小桥了
洁白的雪花第八次悄悄地落了
迟落的雪花不能第八次吻她红红的脸蛋了

冬天，一个农民的孩子死了

她是一个忧郁的孩子
她爱坐在门槛上数天上的星星
她还不知道云儿为什么不是一只小船
驮她到书上见过的那一座美丽的小岛
她也不知道雪花为什么不是蓝的
就像她睡梦中点亮的那盏蓝色的灯笼
在田野上拾柴火的时候
她总要摘下一朵蒲公英，让风儿
从小手心里轻轻地吹上高空
洁白的絮毛带着她的心事飞走了
她的眼睛像初夏的早晨一样潮湿……

冬天，一个农民的孩子死了

她不能给背着圆圆的太阳锄地的爸爸送茶水了

也不能和爸爸拉着地板车上县城的大街卖菠菜了
她不能给劳累的妈妈唱那支刚刚学会的歌儿了
也不能在妈妈生病时踮起脚尖上锅台做饭了
她不能咬着铅笔杆想那道神秘的算术题了
也不能给犁田回来的老牛擦脖子上的热汗了

冬天,一个农民的孩子死了

她是一个细心的孩子
她总爱躲在一个地方学妈妈洗衣服的样子
在木板上揉着找来的布条,歪着头
把甜甜的微笑紧紧地抿在嘴唇里
蓬乱的头发滑落了,她好看地扬向鬓角
伸伸胳膊,像妈妈那样呼一口长气
她还做了一个穿着花布衫的布娃娃
一个人的时候,她就美好地抱着它
给它"喂奶",拍着它悄悄地睡进梦里
她是女孩子,她也要做母亲啊

冬天,一个农民的孩子死了

她得的是乡下的一种常见的病
她死在通往县城医院的路上了

十二里地,她没有跨过死亡的门槛
她死在一个寒冷的冬天里了

她见过的小鸟们仍在树枝上唱着歌儿
她采过的野花仍在一次又一次美丽地开放
庄稼地里的人仍在默默地劳动
遥远的城市,工人们仍在上班和下班

冬天,一个农民的孩子死了

她安静地躺在土地里了
和那个喂牛的老汉躺在一起了
雪花在一片一片地凋落
落在弯弯的小路上了
落在一个小小的坟堆上了

所有描写女人的书都是为她而作的
所有描写母亲的书都是为她而作的
所有描写爱的书都是为她而作的
所有描写悲哀的书都是为她而作的啊

冬天,一个农民的孩子死了

1981年11月7—9日 于山东大学

给——

太阳下，你和白杨树一起
甩动着黑色的头发
像炫耀临行时，黑夜
馈赠的那一团不会融化的阴影
你的眼睛像黄昏一样忧郁
你的肩膀像乌云一样沉重

当阳光的蜂群扇动翅膀
在呼唤热情
你已默默地把它凝固
放在颤抖的膝关节里
支撑着你不再激动
你知道在这个世界
谁也不会恩赐
你没有屈服
也不会跪倒
只在冷静地等待
等待一双同样冷静的眼睛

我向你跑来
我的阴影和你汇合在同一个地点
我的头发和你飘扬在同一片天空
你没有说你的脚有多么疲劳

你没有说你的心有多么疼痛
只把眼睛从酒杯里转向窗上的玻璃
远处飘来一片绿色的天空
你说：多像柔软的草丛
儿时在那里打滚
总要轻轻地闭上眼睛
让轻盈的蝴蝶落在鼻尖上
弹拨着风……

我想哭了
我知道你一手捂着肋骨上的伤口
一手已伸向又一个命运的按钮
你说你捂住的是走过来的一切
你说苦难也是一笔财富

于是，你离我而去了
留给我一声没有跌碎的
珍重

1981年9月中旬

窗外是充实的寒冷

窗外是充实的寒冷
窗里是充实的温暖
温暖居住在寒冷里面

我憋不住了
一把扯开门帘
把一行不冷静的脚印
种在冷静的白雪上面

还记得吗
那个寂寞的日子
我们在一起
凋落的雪花正在沉淀
你解开那条鲜艳的围巾
在结满冰花的小树上
点起一团飘动的火焰

是调和,还是挑战?
你把冻红的手指放在唇边
你没有颤抖,你说了
说是为了心里的一幅画

已画了几个冬天

很远很远了
还能看见……

1981年11月29—30日

背书包的孩子

他从小街里走出来了
他走过老槐树上的那口钟了
古老的钟声拨动着黎明
扇开小鸟洁白的羽毛
他走过来了,走出村口了
密集的庄稼把芬芳的波浪摇向两边
为他闪开一条小道

毛茸茸的小绒帽在他的头顶上飘啊飘
时兴的小书包在他的屁股上跳啊跳
路边的小花是为他开放的
像开放在他嘴唇上的那朵嫩红的笑
长长的谷叶是为他舒展的
他摘了一片
吹响一支小调
太阳在他的身后上升
土地在沉重地呼吸,在最深处
让每一丛草叶和树在白昼中为他喊叫

他走在田野上了,庄稼汉
赤裸的脊背上闪耀着金黄的汗珠
为他弯成了一座座彩虹般神奇的桥
他走过去了,戴着绒帽

他走过去了,背着书包——

一个永恒的主题走过去了
一个神圣的祝福走过去了
一个背着书包的孩子走过去了

1981年11月30日

给吴滨

在那条长长的小路上
我编了一个长长的故事
给注定要到来的日子
可是，我忘了
当你把沉重的目光从酒杯里扶起
谁家的孩子关上了最后一扇窗户
让寒冷拉扯着印花的布帘
像老人稀疏的头发
像一面迷失了风向的旗

我不会为你祝福
别离的笙箫正在很远的地方无声地吹起
我突然想起了我的外祖父
一个棉花一样洁白的冬天
他用捡来的牛粪点燃了黄昏
让红红的火吻我的小手，我的脸颊
给我唱那支和他一样年老的曲子
后来，他消失了，在我的眼睛里
几朵蓝色的小花站在他瘦小的坟堆上
和夜半的星星一起猜着永远不会消失的谜
也想起了我的父亲
他拾过柴火、捡过麦穗
在这个长满苦难的世界上

也曾挺起脊背学过一个人的样子
后来，他重重地倒了
在用弥留的目光告诉弥留的日子
他不再恨了，他在爱
像爱属于他最后的那一缕空气一样
爱我，爱我的未婚妻
也会爱你的，也爱
和你的名字连在一起的另一个名字

也许，我不该想起已想起的一切
可是，我确实不会给你祝福
记住那两个不幸的人吧，两个男人
然后，请想起关于人、关于你的每一个问题
也想起我，想起那个没有太阳的正午
我和你打过一架
多么想再来一次啊
北方的第一片雪花
已过早地飘来
不要悲哀
当你在钓鱼台的河岸上吹起新编的口哨时
你会爱的，爱那里的石头、土块
爱每一丛在早霞里升起的小草、露珠
和向你走来的每一个鲜艳的老人和孩子

是的，我不会为你祝福
别离的笙箫已在很远的地方无声地吹起
所有的话让那个月亮一样温柔的姑娘去说吧
我只从墙上取下那顶没有年代的帽子
轻松地唱一支小调儿离你而去

1982年元月9日晚于吴滨家

野鸽子

一

当黎明和风在上升的陆地上
剪出一棵棵云杉的时候
野鸽子呢

当冬天在年老的树上
摇落一片片洁白的羽毛的时候
野鸽子呢

她在太阳金色的脊背上
她在结满冰花的窗台上
冬天有多么孤寂
她有多么孤寂

二

飘雪的时候
野鸽子在很远的地方唱歌
她为她的歌声感动了
她没有抖落苦难
她用羸弱的翅膀承受着苦难
她没有诅咒寒冷
她用诚实的眼睛注视着寒冷
另一个遥远的地方

雪花撩拨着窗帘
门为冬天打开了
雪地上升起洁白的回声

飘雪的时候
野鸽子在很远的地方唱歌
冬天有多么辽阔
她有多么辽阔

三

她起飞了
衔着为冬天创造的歌声
冬天有多么严峻
她有多么严峻

1982年接信后记于冷却的关中平原

月亮圆的时候

月亮圆的时候,我不能给你一双翅膀。
为此,我常常感到悲哀
我知道你想看见一双温暖的眼睛,
枕着窗口流来的月光,听那风一样低低的耳语。
散乱的头发像一片柔软的草地,一个小男孩在
它的温馨里甜甜地睡了——
那是一扇多么遥远的窗户啊!
如果没有距离和分割,为什么要有月亮呢?

月亮圆的时候,我不能给你一双翅膀。
为此,我常常感到悲哀
我知道你买了一匹小马儿,放在你的床头,
只有它能驮着你到你想去的地方,
看那双温暖的眼睛,枕着窗口流来的月光,
听那风一样低低的耳语
散乱的头发像一片柔软的草地,
一个小男孩在它的温馨里甜甜地睡了——
那是一个多么遥远的旅程啊!
如果没有你的小马儿,为什么要有月亮呢?

1982年2月 改

瞎眼老人被一块石头绊倒了

瞎眼老人被一块石头绊倒了
他倒在长长的马路中间了
倒在夕阳用最后的一片
云霞织出的黄昏里了
路边的小沟里响起一阵孩子的笑声
老人流泪了，他知道他受了戏谑之后
他趴在地上伤心地流泪了，泪水浸湿了那
一片云霞
一个乱蓬蓬的小脑袋从小沟里伸了出来
惊愕的眼睛像滴在苹果上的雨珠
当忏悔的小手抹去了老人眼角的最后一滴泪水时
老人笑了："别难过，我是哭着
和你玩儿的……"
小孩哇的一声哭了

1982年2月改

姑娘，
不要靠着那棵孤独的钻天杨了

姑娘，不要靠着那棵孤独的钻天杨了
夕阳用它无形的嘴唇在你的脸上作临别的轻吻了
你的鼻翼像远处归来的海鸟一样困乏
你的头发像大雨后的乌云一样疲倦

姑娘，让你的美丽的睫毛挽住的泪水流出来吧
让你的泪水流到我的心上来吧
我知道你已失去了很多很多，你还会失去的
因为，你想要的是那么多那么多啊！

姑娘，不要靠着那棵永远不动的钻天杨了
黑夜已拖着黑色的裙子向你走来
你得到的都是你应该得到的
你失去的也原是你
应该失去的啊！
远处的山梁永远不会悲哀的

1982年2月改

外祖父

一

鸟儿的歌声飘在土槐树的叶子上
土槐树的叶子飘在稻草屋上
稻草屋里有一个诚实的土炕
诚实的土炕温暖着外祖父常年的梦想

二

年轻的时候
外祖父给典狱长背过枪
典狱长的丫鬟是他的妻子
可怜的丫鬟不会生育
外祖父学会了悲伤

当渭河在秋天里又一次涨水的时候
河水卷走了无数个村庄
那是一个美好的早晨
太阳升起的地方
漂来一只木盆
木盆里坐着一个婴儿
她是我的妈妈
妈妈的哭声揪住了外祖父的心

外祖母死去的时候

妈妈长大了
妈妈出嫁的时候
外祖父老了
他默默地走进县城
买回来两只绵羊

那是两只可爱的绵羊啊
长长的犄角就像晚上弯弯的月亮
他常坐在门口的石头上看它们吃草
像和忠实的朋友一起
享受着同一个美好的时光

三

我是在乡下长大的
小窝里下蛋的老母鸡是我的朋友
土槐树上的麻雀儿是我的朋友
外祖父是我的朋友

飘雪的时候
我和外祖父走进黄昏
捡来的干牛粪点起来了
照亮了外祖父脸上温和的皱纹
我快要蒙眬地睡去了

小树林远远地看着我们
没有一点声响

田野上的黄昏很大很大
黄昏里的我们很小

四

清明节
外祖父领我去上坟
在一个瘦小的坟堆下
睡着我的外祖母

当煤油灯用豆大的光亮在墙壁上
摇晃着我们的身影时
外祖父就给我讲那个遥远的故事
他说外祖母很漂亮
就像路边常开的马兰花一样
他说外祖母也是他的朋友
给他做饭，补衣裳
也和他说话，每一句话
都像吃着烧熟的土豆
又热，又香

我不知道外祖母会不会爱我
让我也做她的朋友
外祖父摸着我的头发
他说会的,因为我爱她,想她
想别人的人也不会被别人遗忘

我相信外祖母也是个好人
我把一朵马兰花
插在了那座小坟上

五

我爱田野
我爱在田野上的草丛里捉蚂蚱
外祖父爱田野
他爱在田野上种庄稼
也爱在田野上睡觉
无忧无虑地,就像
他给我讲过的那个远古的皇帝
庄稼是一队队跳舞的宫女
往来的风吹着祝福的叶笛

我睡觉的时候常常做梦
梦见和妈妈在一起

我问外祖父也梦见他的妈妈吗
他总是笑眯眯地看我
我不明白,他为什么还说我
是个傻孩子

六

我上学了
我唱歌儿了
我最爱唱的歌儿
是外祖父教给我的

外祖父会唱的歌儿很多很多
他说他的歌儿都是听来的
春天里唱的,是苦菜花教给他的
夏天里唱的,是苜蓿花教给他的
秋天里唱的,是青蛙教给他的
冬天里唱的,是麦苗在被窝里
悄悄儿给他唱的……
我真羡慕外祖父的耳朵
苦菜花开的时候
我偷偷地坐在花儿的身边
为什么就听不到呢

七

妈妈来了
外祖父病了
外祖父躺在土炕上
妈妈坐在炕沿上
外祖父的脸像土槐树上飘落的叶子
外祖父的眼睛像晒干的庄稼地

外祖父答应我的兔窝还没有盖呀
外祖父答应我的小白兔还没有买呀
外祖父不再笑了
不和我说话了
妈妈说外祖父要和她谈大人们的事情
她赶我到学校去念书

妈妈，外祖父是我的朋友啊
我知道外祖父爱我
你为什么那么霸道呢

八

外祖父死了
妈妈说他找外祖母去了
我坐在外祖父的坟堆旁

我没哭,我不回去
我在看坟堆旁的那丛毛毛草
我在看远处的那片小树林
我相信快要下雪了
干牛粪又会点起来的
我和外祖父坐在黄昏里
他在唱那支低低的歌谣……

1982年3月12—13日于山东大学

三棵树

寒流曾呼啸着从头顶滚过
抽动的枝条和黎明一起振响
在激动中画出疯狂的曲线
围绕着太阳
夜来时,声音在沉淀
三个并排的冷静
在原野上
守卫着宇宙的寂寞

当冬天摘去最后一片叫喊的叶子
它们拥抱着死了
对看天空,没有诅咒
也不再战栗
枝丫交错着,只把搏斗的形象
固定在这里
像冻结在土地的胸膛上
一行古老的文字
一条条不死的道路
从这里伸向遥远
又从遥远处
向这里汇集

1982年3月

妈妈

一

我家在渭河平原上
妈妈是在平原上长大的

土地上的扒地草拖蔓蔓了
妈妈扎小辫儿了
田野上的荞麦花开过六次了
妈妈挎上挖野菜的小竹篮了
当荞麦第十二次开花的时候
妈妈摇着纺车纺线了
嗡嗡的纺车和扯不完的线儿一起
在圆圆的太阳和圆圆的月亮下
纺着一个女孩子的故事

二

茅草屋的旁边有一棵香椿树
香椿树的叶子伸过纸糊的窗扇了
麻雀儿在香椿树的枝丫上垒窝了
妈妈出嫁了

她离开了那座熟悉的茅草屋
她没有离开大平原
大平原上的风仍吹着她的头发

大平原上的庄稼仍养育着她

她离开了那棵高高的香椿树
她没有离开纺车儿
在另一个温暖而陌生的土炕沿
纺车儿仍和她说着心里的话

她把长长的发辫儿挽在头上了
她和一个过去不认识的男人一起过活了
人们不再喊她的名字
都叫她"二狗媳妇"了
当我的啼哭跌进那个瓦盆的时候
她又变成"牛牛他妈"了

三

妈妈爱姐姐
她说姐姐长大了能帮她纺线
妈妈爱我
她说我长大了能念书做官
妈妈也爱爸爸
她说爸爸养活着我们一家

冬天，土炕上最热的地方

是我和姐姐的
饭时，小桌上撒落的馍花儿
是妈妈的
当蟋蟀在窗外给星星唱小曲儿时
妈妈用蓬乱的头发挡住灯光
给爸爸缝补着那件
还会被风撕破的衣裳

风雨来了
树上的老鸟伸开宽大的翅膀
护卫着窝里的小鸟
我不明白，妈妈为什么
望着风雨中那只安详的老鸟
要喃喃地说——
"它也是做妈的啊……"

四

妈妈爱钱了
她的钱是拴在肠子上的
妈妈说钱好
钱能买布、买醋、买盐
她总拍着我的头
说娃娃家不懂得大人的艰难

她很爱她的老母鸡
柜底下放着一个瓦罐
她每天都要数一数里边的鸡蛋
数一次脸上就多一条笑纹
她说等我念书的时候
就用它给我换一件学生蓝
她还说庄户人的日子就要这么过的
一把禾苗，一把粮食，一件布衫……

五
妈妈从省城里回来了
姑婆家住在省城
姑婆的孩子结婚了
妈妈是给姑婆家缝新棉被去的
妈妈是吃表叔的喜酒去的
回来就坐在炕沿上
给我们讲城里的故事

她说城里人花钱厉害
一顿饭的菜
就够我们家吃一个月的
她说她看不惯他们
不盖房，也不种地

不像过正经日子的样子
她还说城里的人不知道害臊
大白天在街上
男人和女人就挽着胳膊——
乡下的娃娃不能到城里去
去了，会学坏的

不过，她说她羡慕城里人
不愁吃的，不愁穿的
用推娃娃的小车儿，一会儿
就推回来一个月的粮食

好长时间了
皂角树下，庄稼地里
人们还谈论着妈妈
说"牛牛他妈真了不起"
说"牛牛他妈到过城里"……

六

爸爸病了
爸爸的病害在肝上
妈妈也病了
妈妈的病害在"愁"上

妈妈说庄稼人
能经得起苦
能出得起力
庄稼人害不起病

爸爸死了
埋在那条弯弯的小路尽头了
留下了姐姐、妹妹和我
留下了黄昏里妈妈长长的哭声
她在哭一个女人的伤心
她在哭一个妻子的不幸
她哭着说她的命不好

大平原上的夜悄悄地落下来了
大平原上的灯一盏一盏地灭了
有一盏孤独的灯映着窗纸
一直亮到了天明

七
我们的田野里也有一片荞麦地
荞麦年年开花
我家门口也有一棵香椿树
香椿树年年发芽

荞麦花和姐姐的脸蛋一样好看
香椿树和姐姐同年
当荞麦花又一次开放的时候
当香椿树又一次长高的时候
姐姐不念书了

是妈妈不让她念了
妈妈说她是女孩子
庄稼人的女娃能认得工分就行了
庄稼人的女娃要学针线
妈妈说她还没念过书呢
妈妈用她的经验教导着姐姐
妈妈说长大了就要懂事

姐姐咬着辫梢儿不说话了
姐姐把眼睛哭红了
可是，姐姐顺从了

姐姐多可怜啊
妈妈多狠心啊
妈妈，我不是恨你
我是恨河滩上的那丛野枣刺

姐姐劳动了
大平原的田野里多了一个戴草帽的姑娘
姐姐纺线了
圆圆的太阳和圆圆的月亮下
嗡嗡的纺车和扯不完的线儿一起
纺着又一个女孩子的故事

八

荞麦又一次开花了
姐姐有婆家了
香椿树又一次长高了
姐姐出嫁了
和妈妈一样
她没有离开大平原
她只是到另一片庄稼地里劳动去了
她只是到另一个土炕上纺线去了

姐姐出嫁的那天
妈妈老了
当她想姐姐的时候
眼眶里就涌满泪花

姐姐也生儿育女了

姐姐也当妈妈了
当她抱着她的小英英来看我们的时候
我们的妈妈笑了
她说小英英的名字起得文明多了

我不知道姐姐家有没有香椿树
也不知道那里的人
把姐姐叫不叫"英英她妈"

1982年3月17—18日草成

给L姊

一

当你像风一样
在我的面前
旋成一棵大树的形状
我默认了
树是强壮的
即使弯曲
也弯曲得自然

当你把散落在额前的头发
向后一划，请相信
只有我才能看见
在那里奔流的
是一个女人的曲线

二

一个人这样说了
两个人这样说了
三个人这样说了
于是，你相信了
你说你没有温柔
却不愿低下头去

为什么要到海边去呢
为什么要抚摸那座石头呢
在一个不显眼的地方
你用那把蓝色的小刀
刻了一道柔软的眉毛
眼睛在海上滑落了
你向大海祈求——
在我离去的时候
和它说话吧……

三

也许女人应该弱小
也许爱是一种承受
也许男人的怀抱是为女人创造的
心只有在合适的地方开放

像讲述别人的故事一样
你讲给我一次荒唐的旅行
从没有悲哀的声音里
我听出了忧郁

四

不会昂起头是不幸的

不会低下头是不幸的
快乐是天空的事情
让沉默陪伴孤独

暴风雨刚刚过去
你已把头发安详地束起
像要去参加一次庄严的婚礼
又轻松地笑了
披上一件过时的雨衣
我送送你,你说
雨后的风很冷
但却诚实

如果一切都已注定
让流云去温柔吧
让芦苇去温柔吧
还有月亮和远去的笛声

树依旧在我的面前
每一片深厚的树叶
都伸向它要去的地方

1982年6月18日于山东大学

关于一座大山的诗

  武则天皇帝的陵墓（与高宗李治合葬）在陕西省乾县城北的梁山上，墓前有两大土冢，远看像女人的乳房，当地人称陵墓为"姑婆陵"。另有无字碑、石雕群和几位太子、公主的陪葬墓等。她躺在这儿，已经一千多年了。

——题记

一

太阳升起来了，升起来了
大平原在下沉
大平原上苍茫的庄稼在下沉
孤零零的小路在下沉
小路上行走的男人和女人在下沉
大平原尽头的山峦也沉下去了
沉下去了
沉缩成一个小小的坟堆

人都说她是一个了不起的女人
因为她是皇帝
人都说她是一个了不起的皇帝
因为她是女人

二

这是一座荒凉的大山
庄稼是荒凉的
芨芨草是荒凉的
山道上挑担老汉古老的山歌
暖不热一块最小的石头
石头，也是荒凉的

她躺在这儿了
和另一个男人躺在这儿了
和她的儿孙们躺在这儿了
像一个庞大的家族

这是一座神秘的大山
这里的石头能筑成辉煌的宫殿
这里的石头竖起雄伟的纪念碑
也能垒成小屋
居住在小屋里的山里人
生殖和繁衍着一代又一代山民
远处的那一条大河永远也不会消失
像一群伸开翅膀的大鸟
驮着太阳
驮着月亮

驮着星星
在苍茫的岁月里起伏着、升降着

她躺在这儿了
和另一个男人躺在这儿了
和她的儿孙们躺在这儿了
像一个庞大的家族

三

她是写完最后一封诏书以后躺在这儿的
驼铃摇响了，摇向茫茫的沙漠
红柳树，摇向另一个遥远的国度
她是下完最后一道战令以后躺在这儿的
战马嘶鸣，扑向北方的群山
草地，扑向流血和牺牲
悲壮的号声和塞外的大风一起战栗
夜月猿声，营帐外思归的眼睛寒星般闪烁

她是扼死了她的儿子以后躺在这儿的
她是捏死了她的孙女以后躺在这儿的
诛戮了忠心与不忠心的臣仆
成千上万个男人和女人、吃奶的婴儿
长安城颓坍的残墙上

殷红的血锈还没有剥落

她躺在这儿了
大山很静很静
这是一座神秘的大山

四

然而，她是一个女人
当她明白了她为什么能主宰一切的时候
当她明白了最勇敢的将军为什么会给她跪下的
　　时候
当她明白了最会说话的男人为什么会给她跪下
　　的时候
当她明白了没有一个人给她说真心话的时候
当她明白了她也是一个人，也会痛苦和哭泣
怀孕，和一个普通的农妇一样
也会生孩子，也会喊叫和出汗，也会死的时候
她悲哀了

她没有说话
无字碑没有说话
她只是优美地躺在这儿了
裸露着，充满自信

坦荡的胸膛像平缓的山坡
像一片没有遮拦的天空
每一个乳房上都能站立起十个男人

太阳从容地走过去了
月亮从容地走过去了
星星从容地走过去了
威风和华贵倒塌了
宫殿和王冠倒塌了
剩下的只是一个女人
山，树和一块又一块质朴的石头

她没有说话
无字碑没有说话
这是一座神秘的大山啊

五

山什么时候庄严起来了
和庄严的历史一起抖动
山什么时候热闹起来了
高鼻子和蓝眼睛们也上来了
穿西装和系领带的也上来了
凝视着荒凉的坟冢

凝视着冰冷的石头和花纹
像对阴性和阳性的崇拜一样
像对原始图腾的崇拜一样
凝视着，久久地凝视着
寻找着遥远的辉煌和文明
寻找着尘封和深埋着的意义和暗示

山民们也看姑婆陵了
姑婆陵，姑婆陵
他们只给她一个女人的称呼
累了，盼姑婆陵上飘起沉重的乌云
涝了，盼姑婆陵上露出一角天蓝

她没有说话
无字碑没有说话
这是一座神秘的大山

六

夕阳沉下去了，沉下去了

大平原在上升
大平原上苍茫的庄稼在上升
孤零零的小路在上升

小路上行走的男人和女人在上升
荒草和坟堆也在上升
升起来了，升起来了
终于，在空蒙的夜色里
成为大山庄严的一部分

月，还是那一轮月
星，还是那几颗星
这是一座神秘的大山啊

1982年12月7日草成

原野

穿黑棉衣的人和他的狗
站在茫茫的原野上了
又看远处光滑的山头了
孤零零的白杨树
没有鸟儿飞来
山也没有奔腾起来
河流也没有奔腾起来
枯黄的岸草向天边摇晃
老鹰的翅膀倾斜了
像古老的战歌一样悲壮而苍凉
起风的原野上
穿黑棉衣的人和他的狗
是北方的男子汉

1982年12月2日

我站在北京的街道上了

一

我站在北京的街道上了
我流眼泪了

我是从小村里来的
小村很远很远
要过三条大河和很多山
也要过很多小村

我是沿着小路走来的
拐过村头的那棵皂荚树
又拐上大路
当我翻过第一道山梁的时候
就再也看不见我们的小村了
但我知道
小村在那棵皂荚树下

二

我们家在小村里
小村是庄稼人的小村

小时候，祖父给我说

长大了，到大地方去
他走的最远的地方是那所小镇
他在小镇上卖过菠菜，买过猪崽
他的老婆也是在小镇上捡回来的
一个流浪的女人，从此
他又在小镇上卖祖母织的粗布了
他希望他的儿孙比他强壮
强壮地从小路走上大路
从大路走向没见过的大地方

他说北京就是最大的地方了
北京里住着皇帝
皇帝是世界上最有能耐的男人
皇帝的老婆是世界上最了不起的女人
皇帝坐的轿子
比我们村上的财东杨二还要威风
皇娘娘穿的衣服
比杨二的老婆还要气派
北京的城楼都镶着金子
北京的街道都铺着银子……

我站在北京的街道上了
我是从埋着祖父的地方来的

我想起了祖父
流眼泪了

三

北京确实很大
北京的大是祖父无法想象的

迎着那些马蜂一样涌来的男人和女人
我不知道，祖父会不会害怕走失
在小镇上卖菜的时候
他可是大声喊叫的啊
无拘无束的
一个男子汉的声音

走进不再住皇帝的宫殿
我不知道，祖父会不会感到心疼
他会不会说
不住皇帝的皇宫不再是皇宫
没有皇帝的世界也不再是世界

马路为什么要那么大呢
匀一点地方不能多种点庄稼吗
花和草为什么要栽在瓦盆里呢

瓦盆不是盛盐和酱油的吗
男人和女人为什么要游游逛逛呢
游游逛逛的人会过日子吗……

我站在北京的街道上了
我是从埋着祖父的地方来的
我想起了祖父
流眼泪了

四

小村的人都知道北京
小村的人常念叨北京
小村的人都说
最有福气的人才能走到那儿

北京不知道小村
小村太小太小了
小村太远太远了
小村在那棵皂荚树下
一股风,就可以吹走小村

是小村使北京显得宽阔的啊
是小村使北京沉重的啊

是小村使北京辉煌的啊
是小村使北京成了大地方的啊

我不知道,在北京的街道上
看不见我们的小村
看不见那棵皂荚树
小村的人会不会伤心
小村的人会不会难过……

小村的人都说
最有福气的人才能走到北京
我是我们村最有福气的人了
我流眼泪了

五
我走了很远很远的路程
走过了三条大河和很多山
也走过了很多小村
我是从小村里来的
那里埋着我的祖父和父亲
那里住着我的妈妈

临走时,妈妈给我说

到了大地方,别忘了老家
受不了外边的生活
就回来种庄稼……

我知道
我再也不会回到小村了
我要在大地方生活了
可我是从小村里来的啊
站在北京的街道上
我流眼泪了

1983年5月17—19日草成

长城

一

一个较聪明的人说
有人要抢走你们的妻子,杀死你们的孩子
大家愤怒了,害怕了
就从很远的地方背来这些砖头
累了,就躺在山腰上喘气
有的就趴在这里,永远不再起来
他们只是想保护自己
保护妻子和他们的孩子
过安宁的日子
安宁地活着,安宁地死去
他们不会想到
这些砖头
会给后世的子孙留下光荣和骄傲
留下伟大的故事和不朽的传说

二

不知道什么时候
有人从沙丘上的鱼臭里闻出了尸臭
就吐着唾沫走上城墙
又吐着唾沫走下城墙
为了感动自己
还创造了一个美丽的故事

创造了一个女人的哭声
互相讲述着
流着真情的眼泪

不知道什么时候
需要伟大了，需要辉煌了
也需要英雄了
有人就激动地走上城墙
又激动地走下城墙
说一些激动的话
或者，写几首激动的诗
没有英雄的年代
就有了英雄
就有了伟大和辉煌

三

砖头不是舌头
砖墙也不会说话
它一天又一天地衰老了剥落了
像一截又一截断裂的手臂
和乱草一起
躺在北方的山峦上，平静而漠然
鸦群和鸟群，年年

风一样掠过
山腰上
茂密的酸枣树绿了又红，红了又绿

它谁也不认识
它属于它出生的年代
属于背砖头的人和战死的壮士
也属于那个聪明人
从那以后的事情
它从来没有管过

1983年10月

一位老人和一个孩子

一位老人和一个孩子
站在空旷的河滩上
向远处凝望

山很远
山在很远的地方
山把沉重的身影
轻轻地放在水上

山会绿，会黄
山永远不会长大
水会深，会浅
水很长很长

一位老人和一个孩子
站在空旷的河滩
风吹着老人的胡须
撩着孩子的衣裳

1983年11月

洗衣服的女人

她洗完了最后一件衣裳
她坐在石板上
小河的水清了,静了
小河水静静地流淌

她知道在她的背后
不远处,是她的村庄
她不想回去
她支着下巴儿
她要一个人坐在这儿
随便想些事情

她怎么也想不出
小河的水从哪里流来
又流到什么地方
就像不知道为什么
一个小辫子女孩儿
突然就变成了媳妇
不再叫作姑娘

小河的水很长很长呢,她想
河水流过的地方
也一定有洗衣服的女人

她也有丈夫、孩子
从前，也是个小辫子姑娘

她真爱这个地方
她坐在石板上
她支着下巴儿
她一个人
她洗完了最后一件衣裳

1983年11月

雨景

雨网从天上撒下来了
雨网从地上飘起来了

田野是海
村庄是船
云是帆

风弓着腰
在旷野上拉网

男人们哪里去了呢
女人的花头巾在大路上奔跑
鱼儿一样游进村巷

瓦屋门口
看雨的孩子笑了
穿着红衣裳

1984年4月10日于天津

平原

景雨

一

爸爸上县城打黄酒回来的时候
一只瓦盆接住了我的啼哭
我就属于平原了

二

我爱在高高的玉米地里拔青草
我爱在长长的小路上奔跑
拽着风的后襟
叫喊着和风耍笑
也爱看大人们在田野上劳动
累了，就坐在地头上抽烟
抽着旱烟看山
山很远很远

三

平原上的人是从大山里走出来的
平原上的人是从树林里走出来的
他们成了土地的奴仆

一片又一片苍茫的庄稼啊
一个村庄和另一个村庄在波涛里遥相呼应

一间挨着一间的瓦房屋啊
每一张脸上都扑满黄土的颜色

旷野上的那棵老槐树耍尽了风流
为什么
他们对它那么虔诚

四
平原有多么沉静
平原有多么宽容
平原把大路托上胸脯
平原把高山举过头顶
平原不怕河流东摇西荡
平原不怕沟壑四处纵横

平原上有风，有雨
女人们戴着花头巾
就像在田野上跳舞
她们都会找到满意的男人
也会被男人看中
也会生孩子
她们的孩子都会长大
有汗水，也有热情
平原熏黑了多少人啊！

平原累死了多少人啊!

五

每一间厨房的瓦罐里都盛着盐和酱油
每一棵树下都有风
让男男女女们在阴凉处说话
说那些永远也说不腻的事情
孩子诞生了
父亲们都会激动得泣不成声
老人死去了
没有人说他的坏话
他们都悲哀地向他告别
送他到那片墓地
添几锨黄土,然后
轻松地说着笑话离去……

六

我坐在门槛上了
平原有多么大啊
平原真不简单啊
我闻着你的土腥味儿了
我听见你的河流的声音了

1984年4月21—24日草成,4月26日晚改于天津

儿子

一

啊,我多么愉快
还在我年轻的时候
你就踏着河流的声音向我走来
我把你红嫩而鲜艳的身体
托上手掌
托过刚刚升起的太阳
大片大片的庄稼向我汹涌
苹果树挂满金果
海在遥远的天边强壮地喧响
这一切都属于我啊
太阳和你都是我的
都是我的儿子

二

还在我青春的梦里的时候
第一道红晕刚扑上你妈妈年轻的脸
你就在我的血脉里涌动了
你就在我们的话语间跳跃了
你的第一声啼哭
是怎样让整个世界
经历了一场激动的抽搐和疼痛啊
是怎样让温柔的妈妈

涌出一阵阵兴奋的汗水和喊叫啊
我是怎样紧紧地揪住头发
让大把大把的眼泪滂沱而下的啊

三

把我看作你的大熊猫
你的小火车，你的猫咪咪吧
我亲爱的儿子
我的头发像森林一样茂密
能孵化出云
能飞泻成轰鸣的瀑布
我的胸脯像两头健壮的牛犊
能鼓起风
能阻挡奉命而来的子弹
可在你的面前
我必须是温顺的鸟儿
听从你的意愿
为你的快乐扑动羽毛
我必须是绵软的雪花
在你拍着小手欢呼的时候
贴上你的小脸悄然融化

四

世界玩具般摆在你的面前
你的小眼睛还寻找什么呢
你的小手还想要什么呢
妈妈正美好地抱着你
恨不能让每一缕头发都变成风
抚摸你
就像抚摸黎明时不安的庄稼
爸爸正美好地看着你
他想起他出生的时候
他的爸爸也激动得泪流满面
踉跄着走向庄稼地
他大声说他有儿子了
他要把儿子养大——
那遥远的声音多么亲切啊
亲切得就像隔夜的雨声

五

你是我幸福的孩子
我的宝贝啊
我亲着你的小眼睛
我亲着你的小脸蛋

你的小腿，你每一个鲜嫩的部分
都能激起我无边的幻想
你使我的每一个日子都充满激动
你什么时候能戴着太阳帽
扬起骄傲的脸呢
能在笔直的大路上奔跑呢
能在挥汗如雨的田野上
强壮地劳动呢

啊，我多么愉快
还在我年轻的时候
你就踏着河流的声音向我走来
你是我幸福的孩子啊

1984年5月21—22日于天津

思念

一

离开你多少年了
仿佛又回到你的身边
你的风像温暖的手指
梳理着我的头发
黄土的气息像你
哈着我的脸……
不是你引起了我儿时的记忆
是你在淡蓝色的黄昏里
回忆我的童年

二

我的高高的城门楼呢
我的霞光里摇晃的小路呢
我的书包装满快乐的故事
红高粱扬着我的布衫
我爱你那轮嫣红的落日
想起吹糖人的老汉
就听见暖暖的波浪
漫上河岸

三

田野啊,你使我多么幸福

念思

梦里常听见你的呼唤
疲倦的时候,总想你
真想在你的怀中安眠
忘不了你每一个平静的黎明
一想起梧桐叶上的露珠
就听见温柔的钟声
向村庄问安

四

每一家门前都有一棵树
每一间屋上都有一只鸟
灯光温暖着纸糊的窗扇
什么事情都不会发生
一想起你迷人的夜晚
就听见父亲轻微的咳嗽
白发盖着母亲安详的脸……

离开你多少年了呢
仿佛真回到了你的身边

1984年5月27日

岛

总是在这个时候
默默地摇出海面

也许有一个无期的等待
也许想把海水望穿

雷声在很远的地方
一只鸟
翅膀停在它的上面

1984年6月

热爱夏天

——给一位朋友

妹妹的病不会好了,他说,那是夏天——
他站在门前的大路上了
他没有让眼泪打湿手背

他是从很远的地方赶回来的
他是来守护他的妹妹的
妹妹在信上说
她病了,她想他
她不久就会远去

是夏天了吧
她说她最喜欢夏天
她真想让他讲讲夏天的事情
讲讲遥远的城市
那里是他工作的地方……

夏天,夏天多么美丽
每一棵树都在蓬蓬勃勃地生长
每一片树叶都愉快地朝向阳光
田野上的人都在劳动
城市里的工人们
正走向家庭和走向工厂

世界多么大啊
每一个男人和女人都那么亲切
每一个老人和孩子都让他感动
他真想告诉他们
有一个女孩子病了
她的病不会好了
不久就要远去
他真想说,他羡慕他们
能在一个明朗的季节里劳动
劳动有多么幸福……

他流泪了
他从来没有这么深切地
热爱过夏天

1984年6月28日于天津

是秋天了

——赠李檬

是秋天了
淡黄色的高粱花
正奔向丰满的太阳

夏日的幻想已经过去
白杨树也带着成熟的颜色
向远处眺望

是秋天了
每一片落叶都知道了
什么叫作留恋

夜晚多么美丽
乌鸦在梧桐的阴影里
已蒙眬地睡去
不知哪里飘来
泥土的气息
你就会看见月亮
还是那一枚金黄的月亮
你就会想起遥远的地方
想起朋友
想起家庭
老人和孩子

是秋天了
平静而不安的秋天来了

1984年7月

歌手

月亮圆的时候
流浪的歌手在唱
他唱得那么忧伤
每一个村庄都在谛听
门紧紧地闭着
每一扇窗户都没有灯光

老人们说
他唱的是一件辛酸的往事
很久很久以前发生过
今后也会发生
只要河还在这里流淌
只要还有村庄
只要还有善良的人在这里死去
只要他们的儿孙还在这里生长

月亮圆的时候
流浪的歌手在唱
他唱得那么忧伤

1984年7月10日

石榴花

夏天里
石榴花开了
石榴花是姑娘的名字

月亮从天边出来
月亮看见了姑娘的头发
姑娘站在石榴树下
谁也听不见她的歌声

白杨树把大路
引向很远的地方
姑娘会坐着马车
从大路上走的

石榴树也会衰老
而花儿年轻
石榴树开花的时候
又一位姑娘
会来到石榴树下

石榴花开了
石榴花点着了夏天的激情

1984年

梅香

梅香抱着孩子
在屋檐下
她叫着孩子的名字
一边走一边唱歌
田野上
几个戴草帽的年轻人
望着她

他们想起了吃奶的时候
想起年轻时候的妈妈
想起有一天
也会有个黑头发女人
抱着他们的孩子
在屋檐下
美好地走来走去

这时，太阳
正照着田野上的庄稼
他们高兴得满脸通红了
他们扬起草帽
为她祝福
她抱着孩子，远远地
在屋檐下

1984年8月于咸阳

河

又看你来了
我是从小路上
走到你的身边的
我不想让别人
看见我步履蹒跚的模样
像装着满腹的心事

你还是老样子
我已不是那个少年
第一次离开你的时候
你满怀着父亲的情感
如今，我们是朋友了
为了这一天
我走了整整一生

再也唱不出那首苍老的歌儿了
你说世上的歌儿是编给孩子们唱的
老朋友见面了
什么都不要说
在一块儿坐坐就够了
高兴的时候在一块儿坐坐
哀伤的时候在一块儿坐坐

然后离去

各自干各自的事情

真的,你还是老样子
还在这里流着
几个小学生坐在树下
念着他们的课本
另一棵树下靠着自行车
一对年轻人
低声说着年轻人的话
吹小号的少年
站在高处
像练习人生一样
吹着响亮的练习曲
他们都享受着自己的时间
他们真让人高兴
我不愿让他们看见我
步履蹒跚的模样
像装着满腹的心事

我是从小路上

走到你的身边的
小路只有我一个人知道

1984年8月14日于渭河边

全世界只有一枚月亮

一

每一条河里都流着月光
每一片树叶上都流着月光
家家户户的窗台上都流着月光

全世界只有一枚月亮
月亮是大家的
月亮照着所有的地方
每一个地方都有远离的人
和月光站在一起
想起亲人
想起自己的家乡

二

祖母把纺车摇成了一轮月亮
她说月亮里有一个漂亮的女人
她有许多儿女
后来,她到月亮上去了
后来,她就想她的家了
想她的儿女们了……
祖母说人不要远离
离开了,会想家的

全世界有多少地方呢
我相信每一个地方
都有老祖母
也有孩子
也有远离的人
想起月亮的故事
想起亲人
想起自己的家乡

三

在我远离的日子
在月亮升起的时候
有一张地图
就变成一片金黄的树叶
为我飘落
我就会想起过年的时候
大人们又做好吃的了
孩子们又穿着新衣服唱歌了
过年好
过年好
吃白馍
砸核桃……

全世界有多少远离的人
就有多少金黄的树叶
在月亮升起来的时候
飘落

四

没远离过的人
是不会想家的
也不会知道月亮

今夜
谁的眼睛里流着月光呢
家家户户的窗台上流着月光
每一片树叶上流着月光
每一条河里流着月光

1984年8月19日

朋友

有一件事情想不开
想不开就分手了
分手得那么容易
那么痛心
一点也不后悔

确实是好朋友
有过好朋友的时光
你像爱我一样
爱过我的妻子
去过我家
那一座山
曾使你悲哀得痛哭流涕

从那以后
你再也没忘记过我
总在我意想不到的时候
出现在我的门口
站在我的面前
一天天衰老
像经历了许多事情

那是些失意的日子

喝酒的时候
你把我的名字摔上桌子
喷得满是酒气……

以后就是分手的日子
就是你结婚的日子
你的朋友们我不认识
也不认识那个女人
他们围在你的跟前
给你说好话
和你称兄道弟

没有我的日子
你仍旧过得那么快活
没有一点缺陷

1984年10月于西安

儿子结婚的那天晚上

儿子结婚的那天晚上
他一个人到磨房去了
磨房隔住了院子里的笑声
隔住了白天残存的酒气

怎么也赶不走儿子
儿子在他的眼前晃来晃去
儿子是个好儿子
儿子是在磨房里生的
那时候，老婆多么年轻……

他不知道为什么要想起老婆
眼泪快流出眼眶的时候
他用袖筒抹去了
他想人真是个怪物
有些时候
就没根没由地想流点眼泪

1984年11月

黄河

一

青海没有水
青海很少有水
青海是长山的地方
青海是长草的地方
青海是长花儿的地方
也有唱花儿的人
住在小房子和帐篷里
散落在青海
青海不是别的
青海就是青海
青海很远
青海是黄河的源头

书上说
追赶太阳的人渴死了
最后一滴眼泪滚出眼窝
眼泪水向太阳走来的方向流去
头发长成茂密的树林……

人真会编故事
黄河不是故事
黄河向东流

二

黄河在石头上流
黄河在冰凌上流
黄河在景泰蓝上流
黄河在青铜上流
黄河流过金城流过银川
黄河流过大沙漠流过黄土高原
黄河是晋陕峡谷
黄河是壶口瀑布
黄河是龙门
黄河是风陵渡
黄河流过的地方都是好地方
听见那些名字
就让人幻想

三

黄河流过河南了
黄河伸展开了
黄河成了地上河
黄河在太阳下闪着光
夜深人静的时候
很远的地方都能听见黄河的响声

四

黄河流过很长的路程
黄河流过的地方都有人
他们居住在黄河岸边
他们一代一代死去
又一代一代生长出来
他们是北方人
他们活得很艰难
他们都有说不出的心事

泛滥的时候
黄河给地上摆满尸首
黄河淹死男人也淹死女人
黄河淹死父母也淹死孩子
黄河让活下来的人无家可归
不涨水的时候
他们又走回来
寻找自己的亲人
寻找房子和粮食
他们害怕黄河
他们望着黄河
他们在黄河边上哭得死去活来
然后，又在这里休养生息了

他们不离开黄河

五

黄河让很多人流泪
那是他们想流泪了
黄河让很多人激动
那是他们想激动了
得意的时候
就对着黄河大喊几声
黄河使很多人成了名人
也有人站在黄河岸边
唱哀怨的歌
实在想不开了
就跳进黄河
让黄河冲走

想当大人物的人挺身而出
做一面旗子
让天下的人打仗
让天下的人流血
打赢了就是皇帝
就住进宫殿养一群女人
就治国平天下了

死了,就埋在这儿
就万世不朽
黄河流着
他们不流

六

黄河只是黄河
黄河是水
黄河卷着泥沙
黄河向东流

七

黄河落雪了
雪盖住了青海
盖住了甘肃和宁夏
盖住了黄土高原
盖住了山西河南山东
盖住了遥远的海岸
盖住了刁口镇上的瓦屋

也有远行的人
戴着帽子
穿着棉衣

走出自己的家门

什么事情也不会发生
夜深人静的时候
很遥远的地方都能听见黄河的响声

八

全世界有多少河呢
每一条河都是水
都流了很长的路程
都有人住在那里
在那里流泪悲伤
在那里生长

黄河五千里
黄河流过半个中国
黄河是中国的河
黄河卷着泥沙
黄河向东流

1985年1月

大青马

它是在奔跑的时候倒下的
整个高原听见了它的嘶鸣

那是一匹好马
谁知道它摔死了多少好汉
多少好汉想爬上它青色的背
享尽高原的威风
他们爱它如命怕它如命
他们摔断了所有的马鞭
一听见它的叫声
就激动得一脸铁青

那是高原上真正的马
高原人知道它的名字

没有人寻找它的尸体
没有人看它死去的样子
风从山里扑来
所有的好汉都低下头去
他们知道
他们被拴在高原上了
永远走不出高原了
他们要在山口和川道

在大青马嘶鸣的地方
耗尽一生的精力

1985年8月10日于贵阳

这些山

这些山照在画片上
就是美丽的风景
这些山拢在夜色里
就是一个和睦的家庭
这些山在高原上
是碰死好马的石头

这些山连在一起
折断你的视线
这些山挽在一起
让你迷路

那里的人吃这些山
那里的人靠这些山
他们是一群守山的人
死了,就埋在山里
埋进石头
外边的人不会知道

没看见那些洗衣服的女人
谁知道这里会生长爱情
没看见那些晒太阳的孩子
谁知道这里还有幻想

没在山里住过
就不懂那些恨山的人
为什么在伤心的时候
想抱着山大哭一场

1985年8月12日晚于贵阳

石板房

每一间石板房
都能给你说点什么

晾在阳光下
躲在阴影里
给山上挂满小路
给山里点出烟火

没有这些石板房
山就让你绝望

一个石板房就是一个家庭
三个石板房就是一个寨子
一万个石板房就是一个高原

谁家的石板房亮着灯呢
谁家石板房里的女人
给她们的男人收拾行装
夜深人静的时候

石板房都贴着大山
变成一声不吭的石头

1985年8月中旬于遵义

那个汉子……

那个汉子
在大车厢里勾引了你
那个汉子
在庄稼地里欺侮了你

他的胳膊蛮横有力
他的胡子蛮横有力
他的嘴巴蛮横有力

你恨死了那个汉子
你找到了那个汉子
你跟了那个汉子
一辈子,然后是一辈子
你再也没想过什么

老家

一

一方水土养一方人
住惯了
就守在那儿
不再离开
那儿就成了家
就有了好风水

二

是一条水
还是一架山
是一座庙宇
还是一棵树
也许是瓷器
也许是水果
每个地方都有一样好东西
让那里的人
一辈子脸上生辉

三

老家有姑婆陵
姑婆是个有名的女人
她当过皇帝

她躺在姑婆陵里
躺得很有福气
一条河从她的脚下流过去
河水流过的地方
是一片平原

四

老家有个好名字
老家叫乾州
乾就是天
老家人靠天吃饭
老家人以庄稼为生
他们交公粮纳税
干旱的日子
他们就说
老天不给人吃饭了哎
他们就看看天

五

他们以善心待人
他们委曲求全
他们也结交朋友
好朋友就是他们的邻家

他们就像树根一样
纠缠在一起
一个人死了
就惊动全村
他们说
十个亲戚不如一个好邻家
他们说
兔子不吃窝边草

六

出远门的人
回到老家
他们像亲人一样
他们打招呼
他们说动心的话
他们真好
他们的心是肉长的
他们可怜出门的人
他们认定在外边一定受苦
他们都说
好出门不如歹在家

七

他们羡慕当官的人
他们害怕当官的人
他们离不开当官的人
没人管他们的时候
他们就不会过日子了
不知道路该怎么走了
他们是一群可怜的虫虫
夏天，他们把衣服脱在地坎上
冬天，他们把手缩在袖子里

八

他们有许多忌讳
要上县城卖菜了
要去北山换粮了
他们就赶个早起
他们怕碰上女人
他们说出门的时候
碰上女人一定晦气

九

大地方的人会笑他们
说他们是些冒傻气的人

就凭着那股子傻气
他们一辈子安分守己
他们说人要知足
他们说好死不如赖活着

十

明天呢
他们说谁知道明天
是个什么样子
往前的路是黑的
上山么——打柴
过河么——脱鞋
他们总这么说这么说

十一

他们也有幻想
他们把希望
放在儿孙身上
也许有那么一天
到了儿孙手里
就会出人头地
三十年河东

三十年河西
他们总这么说这么说

十二

老家就是这么个地方
老家人就这样
守在那里
守着姑婆陵
守着他们的过活
哪怕发生天大的事情
也能把穷难日子
过得温暖

大西北

玛纳斯湖在刮风
博斯腾湖在刮风
青海湖在刮风
鄂陵湖扎陵湖在刮风
准噶尔在刮风
塔里木柴达木在刮风
天山昆仑山祁连山在刮风
古尔班通古特在刮风
塔克拉玛干在刮风
巴丹吉林和腾格里在刮风
河西走廊在刮风
乌鲁木齐兰州银川西宁在刮风
黄土高原在刮风
起风了
黄帝陵秦始皇陵昭陵乾陵在刮风
霍去病的石马在刮风
胡笳羌笛古筝编钟在刮风
飞天的长袖在刮风
生在这儿长在这儿活在这儿要刮风
死在这儿埋在这儿塑在这儿要刮风
几千年前一万年后要刮风
大西北是刮风的地方
大西北就是一股风

西北人在刮风的地方喝酒
西北人在刮风的地方造屋
西北人吃大块牛肉羊肉马肉
西北人点一堆火就烧熟骆驼
西北人生男儿生女儿
长大了就是西北人不会断子绝孙
西北人死了就埋进沙漠埋进戈壁
埋进随便哪一块地方不说什么
西北人敢和汉武帝唐太宗打仗
打赢了就烧就夺就抢
就让蔡文姬做他们头人的老婆
西北人失败了也是英雄
就让人家杀让人家割让人家宰
就让战马长啸让大雪扑满弓刀
西北人让儿孙们走进北京走进上海
走进杭州苏州扬州当丈夫当主妇
让全中国生长他们的骨血
西北人不敢碰见西北人
一碰见就会碰出一团火
碰出天山祁连山昆仑山
碰出毡房碰出拴马桩
碰出酒泉
碰出那一块刮风的地方

碰出一条倒淌河

西北人一个女人一顶帐篷
一群马一群孩子就是一个家
西北人一脸土一脸灰但不晦气
西北人穷得叮当硬得叮当
走到天尽头也能认得出
西北人打老婆骂老婆
出远门就想老婆
野男人拐走老婆就想动刀子
就闷在屋里喝酒
喝完酒就原谅了老婆
西北人开羊肉馆开牛肉馆
招揽天下人
西北人爱唱花儿爱唱道情爱弹冬不拉
西北人爱听板胡爱唱秦腔红脖子涨脸
西北人走几天见不着村庄见不着人影
就一个人自言自语
西北人在大沙漠大戈壁
在大山里异想天开
西北人要住楼房要乘电梯
要在漂亮的街道上溜达
西北汉子要娶漂亮姑娘

生漂亮儿子过漂亮日子
西北人想打电话想坐飞机
想知道天下事
西北人想爬上火车出潼关经河南
一夜间开进青岛开进太平洋
西北人吃一辈子苦一辈子一辈子
一辈子没怨过这个世界……

起风了
大西北在刮风

1985年

黄土高原（六首）

　　黄土高原位于中国西北部，跨青海、甘肃、宁夏、陕西、山西、河南六省区，面积五十三万平方公里，为世界最大的黄土高原。古生代时期，这里是一片汪洋；古生代末期，它开始破水而出，呈现优美的亚热带风光。第四纪，强大的西北风把蒙古高原以至中亚地区的尘状粉沙向东南搬迁，历数十万年的日积月累，这里被覆盖上了一层黄土。这里也有太阳、月亮、河流。也有许多人住在这里……

——题记

大风弥漫

你从大睡中醒来
腰仰起又弯下
像一根柔韧的弓
你甩动长发
向我呵气
遥远的西北方
响着你空阔的呼吸
你揉捏母岩
揉捏干旱的草原和戈壁
指缝间金灿灿的齑粉飘飘扬扬
吹向我

吹向我
吹我的褶皱
吹我的臂弯
吹我最羞涩的地方

起风了起风了
大风弥漫
风尘纷纷降落
让我不安地扭动
让我丰满
让我荒凉
让我赤身裸体地躺在这儿
作塬的样子
作梁的样子
作峁的样子
引诱太阳
引诱痛苦的眼睛

风啊
大风弥漫……

太阳

你把淫威温和地泼给我

像我的男人
给我灿烂的鼻息
给我灿烂的手掌
给我灿烂的芦苇

留下浑浊的胸音
在我的低处呜咽
震动我
冲击我
切割我
汛期如约来临
你和季节合谋
用优美的线条
奔跑着给我文身
让我绝望
让我沉沦
让我闭上眼睛
习惯你
像习惯日落日升
习惯过去的每一个日子一样
习惯你堂皇的勒索
我的黄土漫无边际
随你凹陷
随你脱落
像树叶随风
随你走
随你流
随你蜿蜒

明月降临

记不清什么时候
什么时候你已降临
波浪在我的指尖上悄然开放
开放又流淌
一群群白蝴蝶如醉如迷
只有你降临的时候
我才是柔软的女人
我的树才朦朦胧胧
让风拨动
我的草叶才宽舒地伸开
鸟儿睡在梦的边缘
我的小路摇摇晃晃
爬上山又爬下山
河流轻如呼吸
在我的手背上
灾难只是影子
遥远又遥远

记不清什么时候
什么时候你已降临
让我迷蒙

让我寥廓
让我苍茫如水如烟

树王

你精心地收集月光
收集又滑落
泼上我的胸膛犹如泼墨
你用苍绿的叶子
给我作海的颜色
作波浪的轻响
让我听鱼类的声音
让我听贝壳的声音
让我听鹦鹉螺的声音
海百合抖动裙裾
在幽蓝处开放
珊瑚的珠光闪闪烁烁
你摇起青葱的帆缆
让我想起雨季来临时
蕨类快活的模样
蒿类快活的模样
莎草科和栎属类快活的模样
金黄的大雨滂沱
金黄的阳光滂沱

滂沱如金黄的瀑布

羚羊和三趾马越过世纪的栅栏

响过浅水湖

辽阔的草原让我酥软

你用手指刺痛我

风舔舐着我的额头

生命被一茬茬收割

挤压在我的墙壁

剥落如叶如鳞

飞起的不是鹰

是风化的石燕

你在荒凉的庭院里

向一贫如洗的天空震响

让我回头

让我沉默

风干的黄泥无边无沿

高原人

黑压压一片面目肮脏的是你们么
太阳晒黄风吹着的是你们么
交公粮纳税唱酸曲的是你们么
和山和黄土结下冤仇的是你们么
是你们卑琐的一群

把头垂在胸前

垂在两手之间

守着我死也不肯离开

来吧你们

爬上我的胸膛

给你肥嫩的草

给你高粱

给你糜谷

给你过不完的日子

我养你

喂你

埋你

什么也不留下

就这么你们

把头垂在你们的胸前

垂在两手之间

以生命家族中最痛苦的姿势

朝向我

占有我

占有我金黄的躯体

让时间缓缓流过

1986年5月

牡丹台

一

全世界的月光
好像都集中在这里了
照着牡丹台
守护着她

站在牡丹台的高处
能看见罗子山
能听见黄河的声音
黄河像冻僵的指头
裂开一道口子
一路而下
那里有筏子和摆渡的船夫
牡丹台的人不认识他们

二

牡丹台在沟掌里
离它最近的村子
要走二十里
二十里路上都是石头
两边也是石头
石头抵着天
石头上长满松树

让人害怕
也让人迷离

走这样的路
会以为它能通往仙地
到牡丹台就会看见
那里没有神仙
有人在坡上犁地
有人在沟底种蒜

三

很早以前
一户河南人来到这里
不想走了
就放下挑子
在这里安了家
牡丹台就有了人声
有了淡蓝的炊烟
以后又来了一户
又来了一户
就这么
牡丹台有了七户人家
七户人说着三个省的话

那时候
牡丹台上开满了野牡丹
现在没有了
牡丹开花的地方
开了荒
种了庄稼

四

牡丹台没有学校
孩子们都会捏尿泥
也会过家家
长大了就满沟里跑
看见外边进来的人
他们就瞪着黑眼睛
看见一只狼
也没有这么惊奇

没人愿意嫁到这里
可这里的人也有爱情
你娶我家的女子
我嫁你家的汉子
七户人就这么
做了亲戚

有了血肉联系

五

不知什么时候
牡丹台也有了一个队长
七户人都听他的
他是牡丹台的老户
娶了七户里最漂亮的姑娘
只有牡丹台的人知道
他有多么重要

牡丹台是一只船
他就是掌舵的
牡丹台是一个国家
他就是皇帝
他让牡丹台的人
有了尊卑贵贱
也有了等级

六

白天在远处看
牡丹台悄儿没声
晚上在近处听

牡丹台悄儿没声

收获的季节
就有人来到这里
让他们把公粮拉到那个小镇
走五十里山路
交给粮店

这时候
你就会知道
牡丹台不是世外桃源
牡丹台在中国
是中国的一个村子

想想这个
真让人惊叹

七

也说不定有一天
这里会出一个名人
牡丹台就和每一个
出名人的地方一样了
会写进书里

被许多人提起
让许多人向往
牡丹台的石头就成了好石头
牡丹台的黑窑洞
就成了世界上最好的窑洞

鼓阵

白羊肚手巾涨潮了
窑里生的沟里长的风里吹的
庄稼汉涨潮了

酸倒牙酸倒石头专惹婆姨汉子
站着听坐着听眼睛瞪着心里痒着的酸曲
偏偏不唱要敲这牛皮腰鼓
风里响雨里响糜谷一样金黄透亮
嫁女子迎媳妇过川道进拐沟
在向阳的坡上出殡送葬的唢呐
偏偏不吹要敲这牛皮腰鼓
不飘飘洒洒不袅袅娜娜
就这么闷声闷气地踏踏踏踏
震这些走不出看不透的黄土峁峁沟沟岔岔
不颤颤悠悠不飞飞扬扬
就这么一槌一声地咚叭咚叭
震你手震你胳膊
震得你心里忽儿忽儿的

就这么来了来了进了壕壕出了壕壕
白羊肚手巾涨潮了
就这么来了来了上了坡坡下了坡坡
庄稼汉涨潮了

就这么敲着敲着眼红了血热了跳得老高老高
就这么跳着跳着心迷了又心疼了心疼了又心迷了
就这么迷了又疼疼了又迷什么也说不清了
窑门口的小石磨说不清了
甩蹄子的小毛驴说不清了
墙上挂的窑里摆的牛鞭羊鞭老镢头
破皮袄酸菜缸子和大头苍蝇说不清了
栽多少杨树柳树槐树还是光秃秃
落不住一根鸟毛的峁峁梁梁坡坡说不清了
崖畔上窑畔上姑娘后生一堆一堆说不清了
路上想好事炕上说好事睡觉梦好事
一辈子遇几回好事说不清了
踏踏踏踏涨潮了
咚叭咚叭涨潮了
哭说不清了
笑说不清了
一肚子红萝卜土豆红薯
和一肚子的晦气闷气运气说不清了
坡上埋的炕上供的就是爷爷奶奶祖先们
臭鞋烂袜子盆盆罐罐和酸甜苦辣说不清了
怀里抱的手里拖的就是后辈儿孙一代又一代
流多少鼻涕眼泪
长大了就守在这里娶婆姨嫁汉子

种糜子谷子吃谷子糜子
也许想出人头地就说不清了
祖坟埋到好处的就走出去
到北京到上海到西安到那些大地方
当大官当大人物指手画脚不再回来
一提起就让一沟的人脸上发光也说不清了

就这么一声不吭地踏踏踏踏
涌过来了涌过来了
白羊肚手巾涨潮了
就这么不言不语地咚叭咚叭
涌过来了涌过来了
庄稼汉涨潮了
就这么让你不知道想哭还是想笑血就热了
就这么让你见上一回
心里就忽儿忽儿的
一辈子也忘不了了……

1986年

窗花

窗上总糊着麻纸
她说
山里风大

年好过
月好过
她说
日子难过

一年吃一回肉
吃肉的时候
麻纸就贴上窗花

狮子滚绣球啦
喜鹊闹梅花啦
蓝鱼儿张着嘴巴
还有一只猫
她说
猫儿会叫春呢
跟娘学会了这个
那时候
还是个女子家

好看么
她跪在炕头上
穿件破褂儿
一笑才看见
不知道什么时候
掉了几颗牙

那个人

她一个人
在坡地里看天
布衫上流着风

没有云彩
还是那个太阳
鹰儿抖翅膀呢
她想

帽子放在磨顶上……
鞭子挂在钉钉上……

是拦牛的老汉
唱酸曲呢
唱得人心慌

她一个人
卷着裤腿
在坡地里看天
金灿灿的黄土
富贵又荒凉
就她一个人
在坡地里看天

1986年5月23日于咸阳

雪花的孩子

雪花的孩子
在碴畔上
不哭也不闹
她是雪花的孩子
雪花正在碾米
一边赶毛驴儿
一边看着她

总有那么一天
她到底会长大
到底会知道那些山
那些石头
可现在
她只是雪花的孩子
是个小姑娘
在碴畔上
不哭也不闹

1986年5月23日 改

憩息

他们坐着
在梢林里憩息
棉袄使他们变得臃肿
阳光穿过空隙
涂抹着他的脸
他张着眼睛
听见她
解开辫子的声音

年轻的时候
他爬过许多山
才知道还有许多山
用尽一生的力气
也爬不出去
山不给人一点希望
他真想跳进去
让山淹死

就这么
他折过身
敲开她家的窑门
显出很累的样子

现在他们坐着
在梢林里
是一对砍柴的夫妻
梢林空空洞洞的
像经历了许多时光
他张着眼睛
听见她
解开辫子的声音

1986年

诗人

诗人们才气横溢泪水横溢
也许还有鼻涕
溢成美妙文章
刺痛我们的眼睛
让我们的灵魂不得安宁
让我们抱怨自己
没赶上好时候
而他们死了
死得一干二净
什么也不知道

谁没有一点才气
没有泪水和鼻涕
也许有一天
我们有了好名声
就留下什么
刺痛儿孙
让他们羡慕
让他们膨胀，有时候
又没根没由地
想痛哭一场
我们一声不吭
睡在地下一天天腐烂

想想这个
我就发呆

屋檐水

一

就这么
坐在我跟前
围绕我
淹没我，无声无息
看着我
想流泪的样子
就这么
让我感到
我是个孩子

二

我怕，怕我的愚笨
不能给你欢愉
怕树叶在窗口
意外地凋谢
你会想起另一个时间
另一个地点
有一样东西正在跌落
你就离开我
怕你离开的时候
不留下什么

三

只有这间小屋

一杯清水

一堆烟蒂

只有你的声音

温顺地流着,让我

不再感动

不再难过

也不再说话

我仅仅是在享受

四

你总是情愿地

让我吻你

不让我看见

你有些努力

你总是忽略

一些话题

让我感激

让我痛苦地感到

没有遥远的地方

五

你只是看着我
看我写字
看我抽烟
看我抽烟的时候
消瘦的姿势
让我忘记
我们正在相爱
我们只是
在经历着什么

你总是这么平淡地
和我默契

六

你总是在我需要的时候
把手伸给我
把头靠在我的胸前
胆怯地看我
脸上的泪水
一点也不做作

你总是默默地参与我的疼痛

让我无话可说

七

这是我美好的时辰
没有什么会打扰我
雨水悄无声息
落在每一条路上
每一条路上
都有人走回家去
这是回家的时候

这是我一个人的时候
这是我孤独的时候
只有这时候
我才能细致一些
潜心一些，点一支烟
在我的小屋里
不激动
也不等待
这是我想你的时候

八

就这么

贴着我的脸

不说话

给我的只是气息

想起我

有多么的想你

就这么

让我依恋

让我回忆，让我

在失去你的时候

什么都会想起

别让我失去

别让我想起

你的手会握在别人的手里

你接受别人的爱情

是我熟悉的样子……

1987年夏

交谈：自言自语

一

仅仅只是心境相同
我们才坐在一起
坐在太阳底下
就这么成了朋友

其实我们知道
相通和理解只是一种愿望
我们会各自走开
留下石头
和阳光

其实朋友就是这么回事
其实都有自己的心事
只是在心境相同的时候
我们坐在一起
我们都很真诚
然后我们走开

二

生不过是一件偶然的事情
而活着不容易
尽管我们的生命

不会太长
尽管走这么一趟
也用不了多少日子

想想这个
就少些生气
少些摧残
少些消耗
可我们还是
办不到

三

站到最后
街道就会冷清
你走回家去
你就会看见
妻子在房间里走动
家具挨着墙壁
左边是台灯
右边是眠床
你就会感到
这一切都很真实
这一切有些荒诞

你和它们只是偶然相遇
组成了某种关系

其实这里边没有欺骗
其实都是本来的样子
其实我们对这个世界存有奢望
其实这就是我们痛苦的根源

四

我们总是陷进去
陷进去就狂热
就痴迷
就温情脉脉
然后我们叫喊
然后流血

其实想想
不陷进去又能怎样

五

我们所有的区别
仅仅是我们的名字
甚至声音

甚至纽扣
甚至做爱的时间
和地点

我们总是容忍我们自己
我们总是在牢骚之后
彼此笑笑
我们步调一致
上班或者回家
做各自的事情
我们用同一种方式
处理我们的前途
家庭，子女
和我们的爱情

六

今天是节日
节日使所有的中国人
都变得丰富起来
他们都坐在家里
和亲人们交谈
吃好吃的东西
贫穷者一夜间富裕了许多

脸上放着光彩

节日里找不到可心的朋友
节日是一只笼子
所有的中国人都钻进去
显得理所当然
我们不能例外
我们不想孤独
我们就钻进去
在祖宗的牌位下
找出所有的中国人
在这一天都说的话题

七

我们想了许多办法
肯定我们的存在
到头来还是发现
我们所做的一切
仅仅是一种努力
白天我们淹没在大街上
晚上我们埋在房子里
闭上眼睛
整个世界都是我们的

睁开眼睛
连我们也是人家的

在生和死之间
我们无法选择
也无法超越
我们活着
然后死去
带不走一根柴火

八

我们制作镣铐
然后我们戴上
我们跳舞
用各种各样的姿势
这是一种状态
一种方式
让我们哭笑不得
就这么我们体验生命
就这么我们以为
我们有了某种意义
并为此泪流满面

九

不知道临死的那一刻
我们歪过头来
会想些什么
我们经历的一切都很具体
包括痛苦
包括欢乐
而语言和文字
只是一种简单的概括

我们不会太久
我们只有一次
我们继承的是一场绝望的战争
这就是我们全部的光荣
和悲哀

十

我们总是忽略
我们手里的东西
我们想得到更好的
我们总忘不了
我们是人我们了不起

我们遇到的每一件事情
都深奥无比
我们留恋过去向往未来
我们奋斗一生
到头来还是不知道
什么是我们想要的

其实我们比兔子还蠢
不吃窝边草
而远处的又吃不到

十一

在院子里我们
设计流浪的方案
我们把虚幻的经历
想得悲惨又悲惨
然后我们怜惜自己
为自己感动
就这么我们画地为牢异想天开
就这么我们丰富了一会儿
伟大了一会儿
然后像饺子一样
掉进锅里

煮成别无二致的表情

十二

我们和苍蝇作战
我们埋怨冷天气
想起来这还是幸运的事情
事实上我们看不见对手
我们只有难受
在这种境地里
也仅仅只有难受
死不了的时候嫌活得太累
真死的时候才知道我们
对什么都有留恋

也许最大的错误就在于
我们不知道真正的对手
正是我们自己

十三

超越的企图使我们永不安宁
我们发明思想
想天下事
为情人流泪

我们翻新一些名词和概念
然后我们激动

其实我们没有力量
变成另一种模样
就这么我们伸长脖子
绳索越来越多
白天和睡梦里
都吊在树上

十四

钟声响了
我们抬起头
听见有鞭炮声传来
心里就有些激动
谁也没有说话
就这么心里有些激动
这是另一种程式
我们都很熟练
我们毫不费力
就那么我们激动了一下
忽略了最后一声的时辰
是结束还是开始

十五

我们不知道会遇上什么

过来的一切也未必清楚

我们先是孩子

然后是少年

然后一天天长大

无数的人和我们一起生活

想起来还算有些缘分

尽管扳扳指头

能打招呼的也数不出几个

我们同行我们无法交流

这是我们留给生命过程

仅有的遗憾

我们缄默不语

我们的脚步

是这个世界唯一的声音

1988年初于西安

落叶

一叶知秋
一叶知世界

是秋天的经络
纵横交错的江河
在你的身体里突然凝结

是秋天的日记
曾经喧闹的青春
和美丽的季节挥手告别

是秋天的声响
注定要来的凋谢
对大地的最后一次抚摸

每一片落叶都有日光的颜色
每一片落叶都有月光的颜色
每一片落叶都有风霜的颜色
每一片落叶都是自然的孩子
每一片落叶都是时间的杰作
都是无法书写的生命故事
无言的诉说……

一叶知秋
一叶知世界